远近丛书

天
LE CIEL

[中] 汤一介 [法] 汪德迈 著

岳 瑞 译

"远近丛书"就是想突出不同文化环境中个人的体验和差异。每一本书由一个中国作者和一位法国作者就同一主题同时撰写,然后用法文和中文互译出版。试图把两个全然不同的普通人的生活体验联结在一起,达到互相参照和沟通的目的,这种设计无论在中国还是在法国都是第一次。

乐黛云
中国比较文学学会会长,北京大学中文系教授

我们的跨文化对话用面孔和事件替代了抽象概念。我们这种做法最有典型意义的,则莫过于"远近丛书"了。我们在这套丛书里谈论死亡、美、自然与梦。但却不是对这些重要抽象概念的中欧观念比较论文;而是每一本书的中国作者和欧洲作者以第一人称讲述,并通过谈他们自己对死亡、美、自然与梦的观念,使这些概念具体化。按词源学"言语交错"这个意义上的对话只因为对话伙伴的存在而存在。

卡兰姆
瑞士-法国人类基金会主席

天

矢

序

中国古话说"人之不同,各如其面"。朝夕相处的人尚且不相同,何况远隔重洋,在完全不同的文化环境中成长起来的人呢?事实上,就是同一个人,从不同的角度和眼光来看,也全然不同;中国古代诗人苏轼(1037—1101)早就说过:"横看成岭侧成峰,远近高低各不同;不识庐山真面目,只缘身在此山中。"一个封闭的自我是不可能真正认识自己的;一个封闭的民族也不可能真正了解自己的长处和弱点,从而得到发展。所谓"和实生物,同则不继"(《国语·郑语》),就是说,只有参差不齐,各不相同的东西,才能取长补短，产生新的事物，而完全相同的东西聚在一起，则只能永远停留于原有的状态，不可能继续发展。因此，孔子一贯强调必须尊重不同，他说："君子和而不同，小人同而不和。"有智慧的人总是最善于使不同的因素和谐相处，最大限度地发挥其各自的特点，使之成为可以互相促进的有益的资源，这就是"和"。

要保持独特之处，就必须从每一个人自己的人生体验出发，而不是从已经形成的概念、体系出发。中国古人认为每个人都是生活在自己的时间里，个人在不同的时间里与周围的环境构成一种"情景"，这种"情景"随个人的心情，个人与他人的关系，以及周围景物的变化而变化。没有作为主体的人的体验，外在的一切就不能构成意义。

我们编写这套丛书的动机就是想突出不同文化环境

中人的体验和差异，并期待在这一过程中，遥远的地域环境、悠久的历史进程、迥异的文化氛围都会从这些体验和差异中由内而外地弥漫开来，相互点染。中国和法国远隔重洋，但两国的文化都被公认为是历史悠久、富有情趣、各具特色的。因此，我们首先选择中国和法国作为"远""近"的两端，进行跨洲际、跨文化的普通人的对话。每一本书由一位中国作者和一位法国作者就同一主题同时撰写，然后用法文和中文互译出版。试图把两个全然不同的普通人的生活体验联结在一起，达到互相参照和沟通的目的，这种设计无论在中国还是在法国都是第一次。令人高兴的是这一设计在中国和法国都引发了许多年轻人，一如年长者的兴趣。以后的各辑将会陆续出版。

另外，我们也希望这是一套供你欣赏，能为你提供美好心情的小书，因此文笔力求亲切活泼，版式也力求精巧玲珑，以便你在车上、船上、临睡时、等待时都可以得到阅读的愉悦。孔子说：知之不如好之，好之不如乐之。孔子赞美的超越于功利的纯美的享受，也正是我们所想奉献给你的。

最后，我们要特别感谢法国人类进步基金会、欧洲跨文化研究院、北京大学出版社和法国DDB出版社的支持，没有他们，这个致力于普通人之间的文化沟通和了解的、面向未来的"创举"就不会有实现的可能。

中国北京大学教授

目　录

汤一介　　　天 / 1

　　一、盘古开天劈地 / 2

　　二、女娲炼石补天 / 5

　　三、有意志的"老天爷" / 8

　　四、念天地之悠悠 / 13

　　五、"天体"何为？ / 17

　　六、天人之际 / 23

　　七、天有三意 / 28

　　八、"畏天命"与"知天命" / 36

　　九、天人合一 / 38

　　十、几点启示 / 44

汪德迈　　　天 / 51

天

汤一介 著

"天"在中国可以说是一个极其复杂的概念,它有多种涵义,在日常生活中所指已是很不相同,对不同的学者、学说,其说法更是五花八门。如果我们查中国的类书,如《太平御览》、《渊鉴类函》等,那就可以看到对"天"的说明、形容是非常多的。我从小就和这个"天"打交道,到我活到八十岁,我还很难说已经弄清楚我们中国人所说的"天"的涵义。但是,也许可以说随着我年龄的增长,我对我们中国人的"天"的涵义了解也就越来越多,当然,我也就更加了解"天"对中国人是多么重要!

一、盘古开天劈地

在我年幼时,对"天"有了两三种不同的认识。我记得,在我上幼儿园的时候,老师教我们唱的一首歌,其歌词是:"我们一同瞧瞧,我们一同瞧瞧,飞机来了,飞机来了,在天空中嗡嗡的叫。"这时老师还指着我们头顶上的青天说:"在我们头顶上的就是'天'。"当然,他接着又说:"在我们脚底下的就是'地'。"这是我最早对"天"的认识。我还记得,也许是已经上小学了,读过一篇短文叫"星空",还有儿歌"天上一颗星、地上一颗钉"等等,都是说的我们头顶上的"天空"就是"天"。"天"就是我头顶上那无边无际的浩瀚的天空。

大概也就在我六七岁时,记得我父亲包了一辆人力车,接送他上班。我常喜欢听车夫老李给我讲故事。他讲的很多是赏善罚恶之类的故事。许多故事的情节,我都记不得了,但有一个故事还记得一点。老李讲的故事说:有个游手好闲的人,白天他看到邻居卖了一头猪,得到几两银子,有点眼红。

半夜,他进入了邻居的家,把银子偷了。第二天晚上,这个偷银子的人跑到外村去赌钱、喝酒,把钱全输光、喝光。回家时天下大雨,他走到一棵大树下,一声雷响,把这人打死了。老李说:"这就是报应,做坏事的,就会受老天爷的惩罚;做好事的就会得到老天爷的奖赏。"这种善恶报应的思想,我最早大多是从老李的故事中听到的。这样的故事在我们的老百姓中流传很多。老李讲的,可能是他听到的,可能是从书上看到的,也可能是他编出来的。因为,我们的老百姓是很会编故事的。但是,老李的这个故事却使我得到一个印象:天就是老天爷,他会发怒,会打雷,会惩罚恶人,他还会刮风、下雨,让风调雨顺,五谷丰登,等等。从小我就对"老天爷"有一种神秘感。我很想知道这是怎么回事。

在老李讲的许多故事中,我最难忘的,是"盘古开天劈地"的故事。据说在最古老的时候,天地就像一个大鸡蛋,混沌一团。有个名叫盘古的巨人在这个"大鸡蛋"中酣睡醒来,他双脚踏地,一手撑天,让自己的身体每天长高一丈,天地也随着他的身体每天增高一丈,就这样经过很多年,终于开辟了天地，但盘古也累死了！盘古临死前，左眼变成了太阳，右眼变成了月亮；嘴里呼出的气变成了四季飘动的云，声音变成了天空的雷霆，头发和胡须变成了夜空的星星；他的身体变成三山五岳，血液变成江河，汗水变成雨露，皮肤和汗毛则变成了大地上的草木。总之是伟大的盘古撑开了天，踏平了地，最后奉献自己的全身，造就了人类赖以生存的万物大地。

4

天

二、女娲炼石补天

我天天长大,到读高小时,可以看点中国的神话故事书,给我印象最深的是"女娲补天"的故事。传说盘古开天辟地后,人民安居乐业,过上了美好的太平日子。但好景不长,若干万年后,人类又遇到了特大灾害。这时,四极废,九州裂;天不兼覆,地不周载;熊熊大火烧而不灭,浩瀚大水泛滥不息;猛兽食人,鸷鸟攫老弱。于是,智慧的大母神女娲,冶炼五色彩石,以补苍天,断鳌足以立四极,杀黑龙以济冀州,积芦灰以止淫水。于是,苍天补,四极正,淫水涸,冀州平;狡虫死,颛民生……但是不久又出来了两个部落首领,一个叫共工,一个叫颛顼,他们争相为帝,都想统治人民。共工打不赢颛顼,一怒之下,头颅撞上不周之山,将女娲用来支撑天的四根柱子之一折断,天被捅破了,水从天上灌下来,地也坍陷了,老百姓又到处流离失所。女娲只好又到处跋涉,找来五色采石,重新修补苍天。但是修补过的苍天已经不能再像原来那样平整了。从此,"天"从西北方向倾斜,日月辰星位于那里;"地"于东南方向下陷,百川河水就流向那里,直到今天仍然如此。

幼年时,我是一个内向的孩子,我有一个哥哥和两个妹妹,还有好几个堂兄弟姐妹,虽然我们常常在一起玩,但我却很喜欢独处。我喜欢一个人看看花草,特别喜欢看爬在墙上的"爬墙虎",看着它碧绿的藤和叶映着蓝天,高高地从墙头上垂下来。晚上,我爱在院子里看天上的星星。这时候,我想得最多的往往是巨人盘古和大母神女娲。我总是想如果没有盘古,会不会有这个世界,如果没有女娲,我们又会在哪里呢?我从小依恋母亲,在内心深处,总是把女性视为人类的创造者。我想这除了直观地知道母亲为我生了弟弟妹妹之外,更重要的是小时读到的女娲故事对我的影响吧!

直到很久以后,每当我看着湛蓝色明朗的天空,我还会常常想起盘古和女娲。我自幼不喜欢那些为权欲私利而争斗杀伐的"英雄",倒是对那些奉献自己,为人类创造了"天",修补了"天"的、默默无言的"劳动者"充满了敬意和本能的爱。盘古和女娲的故事许就是我一辈子倾向于"平民"的一个自己也不觉察的心理原因吧!

现在想起来,青少年时期,我心中的"天",往往是闪耀着绚丽的神话色彩,存活于老百姓心中的那个自然的天,也是想象的天。除了盘古、女娲之外,我最喜欢的,就是承载着月亮的那个美丽的蓝天了。记得在院子里赏月时,哥哥给我讲月亮的故事,说美丽的姑娘嫦娥吃了仙药,飞升进入了月亮上的广寒宫,那里只有砍桂花树的吴刚和捣药的玉兔和她作伴!每年八月十五日的中秋节,我们都要赏月,慰问寂寞的嫦娥。在月光下摆上月饼、水果和各色的泥塑兔儿爷。这也是我最爱看天空的时候。我想不清楚月亮上的吴刚为什么要砍桂花树呢?桂花树怎么能砍断了又重新长上,永远砍不完呢?月亮上为什么只有小兔,没有小狗呢?

总之,盘古也好,女娲也好,嫦娥也好,中国人似乎倾向于认为天是一个可以承载一切的实有的物体。因此才会有"杞人忧天"那样的成语。杞国是古代的一个小国,那里的人民总是担心天会塌下来。所以说:天下本无事,杞人自忧天。

三、有意志的"老天爷"

上初中以后,读了许多中国的笔记、小说。在这些书里,长期流传着把"天"看成有意志的"天神"的记载。这种想象也不是凭空产生,而是来自更古远的文化典籍。例如在古老的《尚书》中就是把"天"看成"天神"的。如:《商书·汤誓》:"有夏多罪,天命殛之。"意思是夏犯有那么多的罪过,老天爷让我来讨伐他。《周书·多方》:"天惟式教我用休,简畀殷命,尹尔多方。"意思是"天"独独教我用最好的措施,隆重地命我代替殷的统治,治理各方诸侯。《诗经·大雅·大明》:"天监在下,有命既集。文王初载,天作之合。"意思是老天爷监视着下面的人世,天命既然成就了文王,文王即位之初,老天爷对他就是"天作之合"。

有意思的是在上古民歌中,老百姓把"天"看成是至高无上的神,却又常因自己的不幸而对他大加诅咒。例如:《小雅·南山节》:"不吊昊天,乱靡有定,式月斯生,俾民不宁。"意思是不善良不仁慈的天啊，祸乱发生无有定规，月甚一月，使老百姓不得安宁。另一首《唐风·鸨羽》说，"王事靡盬，不能艺黍稷。父母何食？悠悠苍天，曷其有极"？由于王室派工总也做不完，没有时间务农，老百姓抱怨说，"种不上庄稼，父母吃什么啊？老天啊！老天啊！这种日子什么时候才有个完？"他们会在诗歌中呼吁老天："知我者，谓我心忧；不知我者，谓我何求。悠悠苍天，此何人哉？"（《王风·黍离》）也会在诗歌中埋怨："骄人好好，劳人草草。苍天苍天，视彼骄人，矜此劳人。"（《小雅·巷伯》）希望老天不要只关注那些得意之人，也要哀怜那些辛劳之人啊！总之，老百姓都是把"天"看成有感情、有意志的，是可以诉求、也可以诅咒的对象。

我自己幼年时也曾相信老天爷的存在，尤其是在夜晚看天的时候。那浩渺的银河总让我想起老天爷的不公。传说中，美丽的七仙女，向往人间自由美好的生活，私自来到尘寰和一个年轻农民结婚，生了一儿一女，过着幸福的生活。老天爷知道后，认为七仙女触犯了他的"天条"，把她捉回了天庭。七仙女的丈夫用一对箩筐挑着他们的一对儿女追到天上,狠心的老天爷却在天上划出一道银河,把七仙女和她的家人分隔在银河两边,罚他们永远不能相见。天上的喜鹊非常同情七仙女的遭遇,每到七月七日这一天,喜鹊们就相约叼来各种美丽的草叶和鲜花,搭成一座鹊桥,让他们能有一夜的欢聚。第二天太阳一出,花草凋谢,鹊桥坍塌,他们就得各回原位!我常凝望星空,寻找银河两岸的牛郎星和织女星。天气晴朗时,这两颗星都很明亮。牛郎星的两边,还能看见两颗等距离的小星星,那就是牛郎和七仙女的一对儿女。可惜无情的老天爷使他们只能遥遥相望,每年只有一天能聚在一起!

其实,早在殷商时代(公元前14—前11世纪)刻在龟甲兽骨上的文字中,已有"天"可降灾害的记载。(按:卜辞中往往是说"帝"或"上帝"降灾害。而在《尚书》中有"皇天上帝"语,可见"皇天"就是"上帝"。)又卜辞中还有"帝"(上帝)降风,降雨等以及"帝"有"五臣"的说法。据甲骨文专家陈梦家说:"殷人的上帝(帝),是掌管自然天象的主宰,有一个以日、月、风、雨、雷、电等为其臣工使者的帝廷。"可见在我国上古时已经有把"自然界"和"社会"等许多方面都看成是由"天"(帝、天帝、上帝)所支配的说法了。陈梦家认为:"殷人的上帝是自然的主宰,尚未赋与人格化的属性。"到了周朝,"天"与"天象"则已是人格化的神灵了。后来,人们把"天"以及种种"天象"看成是有序的、有等级的神灵系统,这应该说是由道教或者其他一些民间宗教完成的。我最近看到一本由钟国发、龙飞俊著的《恍兮惚兮——中国道教文化象征》,第一章《各色神仙:道的人格化象征》①很有意思。我对这本书特别感兴趣的是其中许多神灵都是自然现象的人格化,同时又掌管着人间的各种大事。例如,书中说:"雷部的职责,有两大方面。一是气象主宰,一是代天行罚。"在民间传说中的所谓"雷公"、"电母"等都与道教或民间宗教的神灵系统有关。

这样看来,是否可以说中国古来就认为"天"有二重意思:一是自然之天(包括对自然之天的种种想象),一是有意志的神灵之天呢?当然,它们是二而一、一而二的,而且神灵之天也带有赏善罚

---

① 四川人民出版社2007年版。

恶的道德意义。例如把玉皇大帝看成最高的天神，而他有许多臣下，如雷公、电母、风神、水神等都为他服务，参加到各种惩恶扬善的活动之中。

　　我不知道，小时候我为什么总喜欢看"天"，也许是我很想知道，这苍苍的天里，是否真的有个"老天爷"？也许是我希望有一天能看到这个老天爷吧！这就是说，从我很小的时候开始，在我的思想里就有两个联系在一起的"天"，一个是我们看得见的苍苍"天空"的"天"；另一个是能赏善罚恶的、有意志的"老天爷"的"天"。

四、念天地之悠悠

当我渐渐长大，大概到上初中的时候，由于抗日战争，我家从北平迁往昆明。由于中学老师的影响，我开始喜欢读中国的古诗词。我国的古诗词中描写"天"是很多的，我对这些诗颇爱读。特别是初中快毕业，由于和军事教官（当时抗日战争，中学生都要受"军训"）的冲突，我和几个好友离家出走，后来离开昆明，转入了重庆南开中学。我当时心境很惶惑，不知道人生究竟有什么意义。我开始浏览中国的诗词。记得印象最深，真正感到灵魂震撼的，是陈子昂的《登幽州台歌》："前不见古人，后不见来者。念天地之悠悠，独怆然而涕下。"我虽然自幼喜欢看天，知道许多关于天的传说和故事，但我从来没有把"天"和自己的生命联系起来，也从来没有把天所代表的空间和时间联系起来。陈子昂的诗使我猛然惊醒。人是多么渺小，多么孤独啊！我们见不到过去的人和事，也不知道未来将是何等模样？而天地是永恒不灭的，多少年人世沧桑之后，天地仍然依旧。这首诗给我带来了许多莫名的悲哀。记得那时我曾写了一首散文诗,名"月亮的颂歌"。其中一段说:"向前的,渐行渐远,看不见了。向后的,渐行渐远,终于超越了我的视线。停留的,发出一道奇光,突然灭了。于是,我有了'生命',而一声长啸,在有月亮的夜里慢慢地消失了。"这大概就是我第一次被"自然之永恒和人生之短暂"的感喟所震骇时,第一次深入内心的感受。后来我一直很喜欢同类主题的诗歌,如张若虚的《春江花月夜》:"江天一色无纤尘,皎皎空中孤月轮。江畔何人初见月,江月何年初照人。人生代代无穷已,江月年年望相似。不知江月待何人,但见长江送流水。白云一片去悠悠,青枫浦上不胜愁。"是啊!这一样的江天,一样的明月,是什么人最先见到的呢?这江,这月又是什么时候开始照亮了人间?每次看到天,看到天上的月,这些无法解答的问题都会深深埋藏在我心里,这也许是后来我终身爱上哲学的一个最早的原因罢。

在写景的诗歌中,我也最喜欢关于天的描写。因为这种描写总是给人以无限辽阔的时空感觉,无垠而悠远。如李白写的:"孤帆远影碧空尽,惟见长江天际流。"目送孤帆远影在远处消失,唯有浩瀚的长江在无垠的天边奔流!还有"落霞与孤鹜齐飞,秋水共长天一色"。多美啊!绚丽的晚霞与孤独的白色水鸟在水面上逐渐远去,而江上明澈的秋水和湛蓝的天空正慢慢地融为一色。中国的诗又总是很少单独写景,而往往是情景相触,融为一体。因此写天的诗总是给人一种辽阔悠远而又穿透内心、激发情思的美感。如李白的"君不见黄河之水天上来,奔流到海不复回。君不见高堂明镜悲白发,朝如青丝暮成雪。人生得意须尽欢,莫使金樽空对月。"这"黄河之水"奔腾而来,转瞬即逝,永不复回。人生也如是,生命有如奔腾的逝水,永不重复,永不停留。看到这样的景色和诗,总不能不想想自己短暂的一生如何度过是好?

苏东坡也是我最喜爱的诗人。他那首"明月几时有,把酒问青天。不知天上宫阙,今夕是何年?""起舞弄清影,何似在人间?"总是把我和我最爱看的"天"紧紧相连。我多少次凝望着那深邃的蓝天,探问着、幻想着在天上可能发生的一切。

"天"是多么深不可测,而又难于捉摸啊!那遥远的空间又是如何与时间相接?天上人间都是如此变幻莫测!既然永恒的"天"和它所承载的明月都无法避免"阴晴圆缺"的命运,那么渺小人世的"悲欢离合"又何足挂齿呢?苏东坡的诗常常使我"悲从中来,不可断绝",幸而还有最后的两句:"但愿人长久,千里共婵娟。"往往是想念着亲人,想念着人间的爱,那种"天"所带给我的虚无,才逐渐得到缓解。

还有很多我喜爱的诗也都是和情感的抒发分不开。例如《西厢记》里写离别的诗:"碧云天,黄花地,北雁南归,晓来谁染霜林醉?尽是离人泪。"天、地、南归的雁,冷冽结霜的红叶,漂泊天涯的游子,无一不在天的笼罩下,渲染着人的悲伤情怀。李白《秋思》所描绘的深秋天气和悲凉心情:"天秋木叶下,月冷莎鸡悲。坐愁群芳歇,白露凋华滋。""季秋天地间,万物生意足。我忧长于生,安得及草木。"第一个"秋"写木叶萧萧下的深秋时令,第二个"秋"写天地间的寥廓空间,都传达了诗人的忧伤。

五、"天体"何为？

1943年秋，我进入重庆南开中学高一，在那里认识了一些新的同学，有些多年来一直保持着联系，其中之一就是现任于首都师范大学历史系的宁可教授。宁可不仅是我国当代著名的经济史专家，而且他多才多艺，也是敦煌吐鲁番学方面的专家。在南开时，他对中国天文学有着浓厚的兴趣，有着这方面的丰富知识。记得当时他对天上的"二十八宿"很有研究。"宿"就是星座，二十八宿是指天上不同的星座。受他的影响，我对中国古代人如何认识"天体"也很想了解。但由于南开中学功课很重，只是到1945年，我回到昆明才有时间看了些这方面的书。不过，我越看越理不清，只知道中国古代天文有三派："盖天说"，"浑天说"，"宣夜说"。这三派中国古代的"天体理论"，用今天科学的眼光看，不一定科学，但它们是在我国汉代形成的"宇宙理论"，应该受到重视。特别是，这种"理论"也表现了中国人对"天"的一种认识。

"盖天说"大概起源于殷周时期。这种学说开始时认为天是半圆形的,有如张开的伞;地是正方形的,有如棋盘。后来又认为,天,像弧形的斗笠,地,像倒扣着的、略带弧形的盘子。盖天说的要点是:天和地均为拱形,天在上,地在下,天比地高出八万里,日月星辰都附在天上,绕北天极运转。太阳的出没与其离人的远近有关,离人远时,人的目力不及,表现为日没;近时,为人所见,为日出。太阳位置的四季变化,则是由于太阳运行的轨道四季不同造成。

"浑天说"主张天地的形状和结构均似鸟卵。天形浑圆如弹丸一般,地形犹如卵黄。天大而地小,天包着地,像卵壳包着卵黄。天和地都凭着水和气的依托而不致坠陷。天有南北两极,极轴与地平交成一定的角度,天每日绕极轴旋转一周,有一半呈现在地上,另一半隐没于地下,日月星辰亦随天而转。这种天体说起源于春秋战国时期,成熟于东汉,其代表作为张衡的《浑天仪注》。到宋代,朱熹等人以为地依气的作用悬浮于空中,使浑天说得到进一步完善。朱熹认为,天是急速旋转的"气",其急速旋转本身就是天不坠的原因。至于"地",则是"气"之渣滓,天包地外,地在气中,所以"地"能浮于空中而不坠。朱熹的这些解释应该说使中国古代天文学有了较大的发展。

"宣夜说"主张天没有一定的形状,也不是物质造成的,其高远是没有止境的。人眼所见的天,好像有浑圆的形状和苍蓝的颜色,这只是视觉上的错觉。日月星辰自然的飘浮在空中,并不是附着在什么固定的天穹上,它们在气的作用下,或动或止,各具特性。"宣夜说"描绘出了一幅日月众星在物质的无限空间运动的状阔图景。这种学说的起源可追溯到春秋战国时期,东汉的郗萌(公元1世纪)是它最主要的代表人物[①]。

上述中国古代天文学三家对"天"的看法或有不同,但我认为都与中国古代"气"的学说有关。在中国古代,往往用"气"来说明"天",例如《列子》中说:"天,积气之成者也。"王充《论衡》说:"儒者曰:天,气也。"因此,我们需要对中国"气"

---

① 参见《中华文化大辞典》,广东人民出版社,1989年,第220页。

的学说做一点介绍。《管子·内业》中说:"精也者,气之精者也。凡物之精,此则为生,下生五谷,上为列星;流于天地之间,谓之鬼神;藏于胸中,谓之圣人。是故此气,杲乎如登于天,杳乎如入乎渊,淖乎如在海,卒乎如下于屺。故此气也,不可止以力,而可安以德;不可呼以声,而可迎以意。"这是说,气是很精细的。万物是由精气结合而成的,从地上的五谷,到天上的星辰,无不如此。它(气)流行于天之间,便是鬼神;藏于圣人胸中,便是圣人气象,也就是圣人的精神面貌。这个"气",照耀在天空,隐没于深渊,柔弱如海水,刚强如高山。这个"气"不可以用力量来阻止它,但可以用道德来使它安稳;不可以用言语来命令它,但可以用意念来引导它。从这段话,可以看出,在中国古代有这样一种思想,认为天地万物都是由"气"构成的,甚至"气"也可以表现为一种"精神现象",如孟子的"浩然之气",文天祥所说的"正气",等等。《庄子·知北游》中说:"人之生也,气之聚也,聚之则生,散之而死。……故曰通天下一气耳。"人的生命现象是由"气"的聚散所表现。天下所有的事物成毁都是"气"

的表现。《庄子·至乐》又说:"杂乎芒芴之间变而有气,气变有形。"在变化莫测的宇宙有无形的"气"充斥其中,有形的东西是由无形的气变化而成的。而后,《淮南子·天文训》说:"元气有涯垠,清阳者,薄靡而为天;重浊者,凝滞者而为地。""元气"原来为阴阳未分之无形之"气",一旦有了阴阳的分别,那么清轻的阳气就成为"天",重浊的阴气就成为地。"积阳为天,积阴为地。"从这里可以看出,"气"("阴气"、"阳气")和"天"、"地"的形成有着密切的关系。因此,中国古代的天文学三家:盖天、浑天、宣夜的学说建立的基础都和"气"的学说分不开。

中国古代本来就存在着天地万物是由"气"而成,还是由"水"而成的不同学说。张衡在《浑天仪注》中认为"地"是浮在水上的,"天"上有水,"天"下也有水,因此"天"和"地"一样也是浮在水上,这是为解决"天"为什么不坠的重要物理因素之一。《管子·水地篇》:"水者何也?万物之本源也,诸生之宗室也。"《郭店楚简》中有《太一生水》一篇,中说:"太一生水,水反辅太一,是以成天;天反辅太一,是以成地。……天地者,太一之所生。是故太一藏于水。"关于"太一",在历史上有多种理解,可以解释为"道",也可解为"元气"。天地由"太一"所生,但是要由水来辅助才可实现,所以"太一"是寓于水中。这样一种宇宙发生的形式与《老子》的"道生一、一生二、二生三,……"有相似处,但其特点是"太一"最初产生的是"水",而"天地万物"虽由"太一"产生,但是在"水"反回来辅助它时,才可以产生天地万物。就这一点看,可以说"水"对产生天地万物有重要的作用。我们这里对中国古代天文学三家的一些分析,主要是想说明中国古代的"天"和中国古代的"气"和"水"的演变有着密切的关系,这也许是中国"天体"学说的一个重要特点吧!

六、天人之际

1947年，我进入北京大学，学习和研究中国传统哲学，至今已经六十多年了，特别是20世纪80年代初，希望对中国哲学的一些哲学概念的含义弄清楚，但如何从哲学上定义中国传统哲学中的"天"，给"天"以哲学的诠释，确是不大容易的事。因为中国哲学中的"天"，既不相当于西方的（英语的）"sky"或"heaven"，也不相当于"nature"，更和"god"不相同，然而它又可以相当于sky、heaven、nature甚至god。我们打开任何一部《中国哲学史》，从中就可以看到自古以来的中国哲学家对"天"都有不同的说法，而且往往是相互对立的。因此，在讲《中国哲学史》时，我们如果能对每个不同的哲学家关于"天"的说法做个清楚、明白的介绍就很不错了。这就是所谓的"照着讲"，只对中国哲学史中不同的哲学家关于"天"的不同的和相同的说法加以解说而已。但是，如果我们能从自古以来的众多哲学家关于"天"的概念中，分析并概括出中国哲学中关于"天"的最有价值的意义，这就不是"照着讲"可以做到的，而必须"接着讲"，即接着古人来讲"天"这一概念的意义，以使"天"这个概念更加清楚、明白，而具有更加普遍性的含义。如果我们"接着讲"什么是中国哲学中的"天"，那首先得对古往今来中国哲学家对"天"这一概念所赋予的涵义有所了解。

中国传统哲学主要是讨论什么问题，这当然是仁者见仁，智者见智，很难取得一致的看法，我想也没有必要取得一致的看法。如果要对中国哲学中的"天"做哲学的思考，却就须要说清楚"天"这个概念在中国哲学中为什么那么重要。

中国传统哲学中讨论的主要问题，我认为是"天人关系"问题。这个问题在《论语》中已经提出来了，"子贡曰：夫子之文章，可得而闻也；夫子之言性与天道，不可得而闻也。"子贡这样提出问题就说明"性与天道"当时是一重要问题，因"性"是"人性"的问题，"天道"是"天"的问题，所以"性与天道"的问题就是"天人关系"问题。从中国历史上看，许多重要学者都把"天人关系"视为最重要的问题。所以说在中国哲学中,"天"和"人"可以说是两个最基本、最重要的概念,"天人关系"问题则是历史上我国哲学讨论的最普遍、最重要的问题。司马迁说他的《史记》是一部"究天人之际"的书;董仲舒答汉武帝策问时说,他讲的是"天人相与之际"的学问;杨雄说:"圣人……和同天人之际,使之无间。"魏晋玄学的创始者之一何晏说另外一位创始者王弼是"始可与言天人之际"的哲学家。唐朝的刘禹锡批评柳宗元的《天说》"非所以尽天人之际",也就是没有弄清楚"天"与"人"的关系。宋朝的思想家邵雍说得很明白:"学不际天人,不足以谓之学。"做学问如果没有讨论天人的关系,就不能叫做学问。可见,自古以来中国的学者都把天和人的关系作为最重要的研究课题。

在中国传统哲学中,对天人关系问题有种种不同的理论,但最重要的可以说有两种:"天人二分"与"天人合一"。前者,例如荀子提出"明天人之分",他把"天"看成是和人相对立的外在的自然界,因此他认为"天"和"人"的关系是:一方面"天"有"天"的规律,不因"人"而有所改变,"天行有常,不为尧存,为不桀亡";另一方面"人"可以利用"天"的规律,"制天命而用之",使之为"人"所用。荀子批评庄子说:庄子"蔽于天而不知人",是说庄子只知道"天"的功能(顺自然),而不知道"人"对"天"的意义。刘禹锡提出"天人交相胜"的思想,他认为"天"和"人"各有各胜出的方面,等等。这些学说,在中国历史上都有一定影响,但唯有"天人合一"学说影响最大,它不仅是一根本性的哲学命题,而且构成了中国哲学的一种独特的世界观和思维模式。

在中国哲学史上,讲"天人合一"的哲学家很多,如果我们作点具体分析,也许可以看到他们中间也颇有不同。根据现在我们能见到的资料,也许《郭店楚简·语丛一》"易,所以会天道、人道也",是最早最明确的对"天人合一"思想的表述。它的意思是说,《易》这部书是讲会通天道(天)和人道(人)的关系的书。《郭店楚简》大概是公元前三百年的书,这就是说在公元前三百年,人们就已经把《易》看成是一部讲"天人合一"的书了。为什么说《易》是一部会通"天道"和"人道"的书?这是因为《易经》本来是一部卜筮的书，它是人们用来占卜、问吉凶祸福的。而向谁问？就是向"天"问。"人"向"天"问吉凶祸福，"天"通过占卜，回答人的询问。所以说《易经》是一部"会天道、人道"的书。《易经》作占卜用，在《左传》中有很多记载，如昭公七年"孔成子以《周易》筮之"，筮，就是占卜等，均可为证。

《易传》特别是《系辞》对《易经》所包含的"会天道、人道"的思想作了哲学上的发挥，阐明了"天道"和"人道"会通之理。《易经》由《系辞》所阐发的"易理"就是要说明"天"和"人"存在着一种"相即不离"的内在关系，不能研究"天道"而不涉及"人道"，也不能研究"人道"而不涉及"天道"。它作为一种世界观和思维模式，有着极其有意义的正面价值。为了把"天人关系"问题弄清，首先应该对"天"这个概念在中国历史上的涵义有个全面的了解；对"人"这个概念，要分析清楚也不容易，因为这涉及"人性"的问题，但后者不是我们这里要着重讨论的。

七、天有三意

在中国历史上,"天"有多种涵义,归纳起来至少有三种:(1)主宰之天(有人格神义);(2)自然之天(有自然界义);(3)义理之天(有超越性义、道德义)。在远古的春秋战国之前的文献中,上述三种"天"的涵义可以说已经都有了。"主宰之天"(如皇天上帝)和西周的"天命"信仰有密切联系,如《大盂鼎》:"丕显文王,受天有大命。"光辉的文王,被天授与统治天下的命令。《周书·召诰》:"皇天上帝,改厥元子兹大国殷之命。"皇天上帝,更换了他的长子大国殷统治四方的命令。"皇天上帝"或"皇天"、"上帝"都是指的最高神,在这里"天"是主宰意义的"天",含有人格神的意思,对人间具有绝对的权力。在《诗经》中,"天"也有主宰的意义,如"浩浩昊天,不骏其德,降丧饥馑,斩伐四国。"(《小雅·雨无止》)浩大的天呀,不施它的恩惠,而降下死亡饥馑的灾祸,杀伐四方国家的人民!

这里的"天"除有"主宰之天"的意义,也有高高在上的"自然之天"的意思,表现为自然灾祸。这种说法早在殷墟卜辞中已有,如"帝其降堇"。(《卜辞通纂》363)"上帝降堇"(胡厚宣《甲骨续存》1.168)堇就是"灾难","帝"也就是"皇天"、"上帝"。卜辞中还有"帝"(上帝)降风、降雨等的记载。看来在殷周时代,"天"既有"主宰之天",又有高高在上"自然之天"的意思。同时,我们还可以说当时的"天"还有道德的意义,"天"以其赏善罚恶而表现着一定的道德意义。如《尚书·召诰》中说:"惟王其疾敬德,王其德之用,祈天永命。"帝王只有很好地崇尚德政,以道德行事,才能得到天的保佑。这就是说,在春秋战国前"天"的涵义还是很含混的,有着多重的意义。

春秋战国以降,"天"的上述三种不同涵义在不同思想家的学说中才渐渐使其内涵明确起来。在《论语》中记载着有关"天"的条目不多,孔子说到的"天"也有不同的涵义。有的话有"自然之天"的意思;如"天何言哉!四时行焉,百物生焉,天何言哉!"从孔子话的口气看,他认为四时的运行,百物的生长都是自然而然的,对这些自然现象"天"

并没有说什么,一切都会自然运行。但在更多的地方,孔子把"天"看成是神圣的超越力量,这可以说是对西周"天命"观的一种继承。如"大哉!尧之为君也,巍巍乎,唯天为大,唯尧则之。"(《泰伯》)这表现了孔子对"天"的神圣超越力量的赞美与崇敬。孔子还说过"天生德于予"(《述而》);"天之丧斯文也"(《子罕》);颜渊死,孔子说:"天丧予";孔子见南子,子路不悦,孔子发誓说:"予所否者,天厌之,天厌之!"等等,都是把"天"看成神圣的超越力量,这些地方"天"都有惩恶扬善的"意志之天"的意思,而这"意志之天"已含有道德的意义。

　　孟子对"天"的认识,大体和孔子一样,认为"天"是神圣的超越力量,如说"顺天者昌,逆天则亡。"(《离娄上》)但"天"或更具有道德意义,如他说:"夫仁,天之尊爵也,人之安宅也。"(《公孙丑上》)意思是,"仁"既是"天"的最尊贵的品位,又是"人"的最安稳的处所,这就把"天"和"人"都统一在"仁"上了。又如引《泰誓》:"天视自我民视,天听自我民听"(《万章上》),则"天"更具有道德意义了。但在《孟子》中,有的"天"也可以理解为"自然之天",如"天油然作云,沛然下雨",这里的"天"应可作"自然"解。

墨子的"天志"思想,更多"意志之天"的意思。如说:"天之行广而无私,其厚而不息,其明久而不衰。"(《法仪》)这就是说,天具有最高的智慧,最大的能力,"赏善而罚暴",没有偏私。在《天志》中还明确地讲,"天"有"意志","吾所以知天之爱民之厚者有矣","天之意不欲大国之攻小国",如果违背了"天"的意志,就要"得天之罚",叫做"天贼"。由此可见,墨子的"天"基本上是继承着传统的"主宰之天"。

其后到汉朝有董仲舒,他所讲的"天",一方面继承着传统的"主宰之天"的意义;另外一方面又把春秋战国以来的"自然之天"神秘化,使之与"主宰之天"相结合。他提出的"天人感应"论可以说是"天人合一"的一种形式,受着当时流行的机械感应论的影响,这种说法与《周易》传统的有机论或有所不同。例如他以气候的变化来说明"天"的意志,如他说:"春气暖者,天之所以爱而生之;秋气清者,天之所以严而成之;夏气温者,天之所以乐而养之；冬气寒者，天之所以哀而藏之。"(《春秋繁露·王道三通》)即认为四季变化都是天的有意识的行为。如果说战国时的一些思想家，如荀子等把四时变化、日月递炤，列星随旋，阴阳大化，风雨博施，万物生长都看成是"天"的自然表现，那么，董仲舒则认为上列诸现象不是"天"的自然表现，而是"天"的意志的表现，是"天"的仁爱之心的表现，"天，仁也。天复万物，既化而生之，又养而成之；事功无已，终而复始。"(《王道三通》)基于这样一种对"天"的认识，董仲舒的"天人合一"学说，主要论述的是"天人感应"问题。

自战国以来，机械感应已相当流行。在董仲舒看来，"天"与"人"之所以有感应，是因为"天"与"人"是一类，"以类合之，天人一也。"他认为："为生不能为人，为人者天也。人之为人，本于天，天亦人之曾祖父也。此人之所以乃上类天也。"(《为人者天》)也就是说，使人成为人的是"天"，天和人是同类。因此我们可以说董仲舒的"天人合一"思想是一种"天人机械感应"的"天人合一论"。这种"合一论"与《周易》开创的直至宋人所发挥的"天人相即"的"天人合一论"显然颇不相同。

到了宋代,朱熹主张"天即理"。他所说的"天",主要是指"义理之天",也就是"天"之所以成其为"天"必是天地万物得以存在的道理,如他说:"未有天地之先,毕竟只是个理。有此理,便有此天地。无此理,便亦无天地。"(《语类》卷一)但这里可能出现矛盾:如果承认圣人说的"天视自我民视,天听自我民听","天"只是"理",抽象的"理"如何能"视",能"听"呢?因此,不能不承认"天"的神圣性,在解释经典时,不能不顾及原有的"主宰之天"的意思。当他的学生问他:"天视自我民视,天听自我民听,天便是理否?"朱熹回答说:"若全做理,又如何说自我民视听,这里有些主宰意思。"(《语类》卷79)同时,朱熹也认为"苍苍谓天。运转周流不已"。这显然是指"自然之天"。所以他说:"天固是理,然苍苍者亦是天,在上而有主宰者亦是天。""虽说不同,又却只是一个。知其同,不妨其为异。知其异,不害其为同。"(《语类》卷一)这就是说,对"天"可以由不同方面说,可以是"义理之天",也可以是"自然之天",亦可以是"主宰之天",但都是指同一个"天"。朱熹的"天",具有某种神圣性,故有"主宰义",又为高高在上之苍苍者,故有"自然义"。当然朱熹更重要的是把"天"看成"义理之天",如他说:"合天地万物而言,只是一个理。"(《语类》卷一)所以当他的学生问"经传"中"天"字的意思,朱熹回答说:"要人自看得分晓,也有说苍苍者,也有人说主宰者,也有人单训理时。"

如果说,在西方,一般认为"上帝"和"自然界"为二(斯宾诺莎的"God is nature"又当别论),中国的"天"则往往是合"主宰"与"自然(界)"为一,而更赋予"天"以"理性",所以朱熹说:"天之所以为天者,理而已。天非有此道理,不能为天,故苍苍者即此道理之天,故曰:其体即谓之天,其主宰即谓之帝。""天下只有一个正当的道理,循理而行,便是天。"(《语类》卷25)看来,到宋代,"天"作为"义理之天"的方面更加被重视。在我看来,正是由于在中国历史上"天"这个概念有着上述的多重涵义,这就使"天"不只是指外在于人的自然界,而是一有机的、连续性的(有生命的)、生生不息的能动的、与"人"息息相关的存在("天行健、君子以自强不息")。中国哲学中的"天"也可以说就是苍苍在上的"天",不过这个"天"不是死寂的,而是活泼泼有生命的,它和"人"息息相关("天听自我民听,天视自我民视"),它不是杂乱的,而是有道理的。基于此,"天"这一概念在中国是指与"人"有着内在联系的生生不息的、有道理的有机体。如此了解,或者可以说中国哲学"天"的概念是可以把"主宰之天"、"自然之天"和"义理之天"统一起来理解。当然,这种对"天"理解只是我对儒家的"天"的理解。

八、"畏天命"与"知天命"

《郭店楚简》有一篇《性自命出》，其中说："性自命出，命由天降。"这里的"命"是指"天命"，即"天"之所"命"，"性"是出自于"天"之所"命"，"命"是由"天"赋予的。《礼记注疏·中庸》："天命之谓性"，注曰："天命，谓天之所生人者也，是谓性命。""性"是由"天"决定的，非人力所及，因此"天命"是一种超越的力量，"人"应对"天"有所敬畏，这就是"畏天命"。不仅"畏天命"，还要"知天命"。但"天"并非死寂的，而是活泼泼的，是无方位，无场所的，故《系辞》谓："神无方而易无体。""天"无所不在，既是超越的，又是内在的，内在于"人"。孟子曰："存其心，养其性，所以事天也。殀寿不贰，修身以俟之，所以立命也。""养性"，即是"事天"；"修身"，即是"立命"，故"天"与"人"的内心一体。合而言之，"天"之与"人"有着一种内在超越的关系。所以《郭店楚简·语丛一》中又说："知天之所为，知人之所为，然后知道，知道然后知命。"知道"天"的道理(运行规律),又知道"人"的道理(为人的道理),即"社会"运行的规律,合两者谓之"知道","知道"然后知"天",知道所以是推动"人"的内在力量(天命)。这是由于"人"是内在于"天"的。故孔子说:"五十而知天命。""知天命"即是依据"天"的要求而充分实现由"天"得来的"天性"。《朱子集》第六十七卷谓:仁者,"在天则盎然生物之心,在人则温然爱人利物之心,包四德而贯四端者也。""天道"生生不息,以仁为心,"天"有使万物良好的生长发育的功能,故"人"也应效法天,要爱护一切。这是因为"天人一体"。"人"得"天"之精髓而为"人",故人生当实现"天"之"盎然生物之心",而有"温然爱人利物之心",天心人心实为一心。人生之意义就在于体证"天道",人生之价值就在于成就"天命",故"人"与"天"之关系实为一内在关系。"内在关系"与"外在关系"不同,"外在关系"是说在二者(或多者)之间是各自独立的,不相干的,而"内在关系"是说在二者(或多者)之间是不相离、而相即的。

九、天人合一

在我们了解了中国哲学中"天"的涵义的复杂性的基础上,来讨论由《周易》开启的"天人合一"学说或者能较好地揭示其意义。同样,我们对"天人合一"思想的讨论也许又会使我们更进一步地了解中国哲学中"天"的哲学意义。

为什么现在"天人合一"思想受到大家的重视,我想和当今发生的"生态"危机有关。科学的发展无疑会造福人类社会,但也有可能危害人类社会。近世以来,由于对自然的过量开发,资源浪费,臭氧层变薄,海洋毒化,人口暴涨,环境污染、生态平衡的破坏,已经严重地威胁着人类自身的生存条件。1992年世界1575名科学家发表了一份《世界科学家对人类的警告》,开头就说:"人类和自然正走上一条相互抵触的道路。"造成这种情况不能说与西方哲学曾长期存在"天人二分"的思想没有关系。罗素在《西方哲学史》中说:"笛卡尔的哲学……他完成了或者说几近完成了由柏拉图开端而主要因为宗教上的理由,经过基督教发展起来的精神、物质二元论,……笛卡尔体系提出来精神和物质界两个平行而彼此独立的世界,研究其中之一能够不牵涉另外一个。"① 西方哲学把精神界和物质界看成是各自独立的,互不相干的,因此其哲学是以"精神界"与"物质界"的外在关系立论,或者说其思维模式是以"精神界"与"物质界"为独立的二元,可以研究一个而不牵涉另外一个。(现代西方哲学一些派别对这种二元思维已有所批评,如怀德海的过程哲学)② 然而中国哲学以及其思维模式与之有着根本的不同,中国哲学(特别是儒家思想)认为研

---

① 罗素《西方哲学史》下册,马元德译,商务印书馆,1988年,第91页。
② 《怀德海的〈过程哲学〉》(见2002年8月15日上海《社会科学报》)中说:"(怀德海)的过程哲学(process philosophy)把环境、资源、人类视为自然中构成密切关联的生命共同体,认为应该把环境理解为不以人为中心的生命共同体,这种新型生态伦理观,对于解决当前的生态环境危机具有重要现实意义。过程哲学是生态女性主义的思想之根,因为生态女性主义的哲学基础是彻底的非二元论,是对现代二元思维方式的批判,而怀德海有机整体观念,正好为它提供了进行这种批判的理论根据。"可见,现代一些西方哲学家已经对"天人二分"的二元对立的思维方式作出反思,并且提出了"自然"与"人"构成"密切关联的生命共同体"。

究"天"（天道）不能不牵涉"人"（人道）；研究"人"也不能不牵涉到"天"。这就是中国哲学的"天人合一"思想。这一思想早在春秋战国时期就为中国哲学家提出，这就是《郭店楚简·语丛一》中所表达的"易，所以会天道、人道也。"下面我们来分析一下《周易》中所包含的"天人合一"思想。

《周易》中的《系辞》是对《易经》所作的哲学解释。它深刻地阐明了"天道"和"人道"相会通的道理。《系辞》中说："易之为书，广大悉备，有天道焉，有地道焉，有人道焉。兼三才而两之。"意思是说《易经》这部书，广大无所不包，它既包含着"天地"的道理，也包含着"人"的道理。"道"是贯通"天道"、"地道"、"人道"的，"道一成而三才备"。"道"一旦形成，就有了"三才"。三才就是天、地、人。另一解释《易经》的《说卦传》中说："昔圣人之作《易》，将以顺性命之情，是以立天之道，曰阴与阳；立地之道，曰刚与柔；立人之道，曰仁与义，兼三才而两之。"古代的圣人作《易》是为了顺乎性命的道理，所以用阴和阳来说明"天道"，用刚和柔来说明地道，用仁和义来说明人道，把天、地、人统一起来看都表现为乾坤。所以宋儒张载注说:"三才两之,莫不有乾坤之道也。易一物而合三才,天(地)人一,阴阳其气,刚柔其形,仁义其性。"[①]天、地、人三才都是说的乾(—)、坤(- -)两两相对相即的道理。《易》把天、地、人统一起来看,所以强调天和人是一体的。

这种"天人合一"的思维模式到宋朝的理学家就更加明确了,例如程颐说:"安有知人道而不知天道者乎?道,一也。岂人道自是一道,天道自是一道?"照儒家看,不能把"天"、"人"分成两截,更不能把"天"、"人"看成是一种外在的对立关系,不能研究其中一个而不牵涉另外一个。朱熹说:"天即人,人即天。人之始生,得之于天;既生此人,则天又在人矣。"天离不开人,人也离不开天。人之初产生,虽然是得之于天;但是既生此"人",则"天"全由人来彰显,"人"对"天"就赋有了现任。如无人则如何体现"天"的活泼泼的气象,又如何"为天地立心"呢?"为天地立心"就是"为生民立命",

---

① 《张载集》,中华书局1978年版,第235页。

不得分割为二。孔子说："人能弘道,非道弘人。"只有人才可以使"天道"发扬光大,如果人不去实践"天道","天道"如何能使人完美高尚呢?孔子说:"知天命。""知天命"就是了解"天"的运行发展的趋势。因此,在中国传统哲学中,"天"是有机的,连续性的、有生意的,生生不息的,与人为一体的。

王夫之的《正蒙注·乾称上》中有一段话,大意是说:我们考查学者的学说,从汉朝起,都只是抓到先秦学说的外在的现象,而不知道《易经》是"人道"的根本,只是到了宋朝的周敦颐,他提出了《太极图说》,探讨了天人合一的道理,阐明了人之始生是"天道"变化产生的结果,在"天道"变化中,"天"把它的精粹部分给了人,使之成为"人性",所以"人道"的日用事物当然之理,和"天道"阴阳变化的秩序是一致的,"人道"和"天道"是统一的,这一点永远都不能违背。总之是说"人道"本于"天道"(因为"人"是"天"的一部分),讨论"人道"不能离开"天道",同样讨论"天道"也必须考虑到"人道",这是因为"天人合一"的道理既是"人道"的"日用事物当然之理",也是"天道"的"阴阳变化之秩叙"。王夫之这段话，可以说是对《易经》的"所以会天道、人道"的很好的解释，同时也是对儒家"天人合一"思想的进一步发挥。

《易》讲"天道"，同时也讲"人道"。《易》是阐明"天人合一"的道理的经典。我们讨论"天人合一"这样一种思维模式，是要说明"人"和"天"存在着一种内在的关系，我们必须把"人"和"天"的关系统一起来考虑，不能只考虑一个方面，不考虑另外一个方面。"天人合一"这一由《周易》所阐发的命题，无疑是儒家思想的重要基石。既然"天"和"人"存在着内在的不可分割的关联，那么"天"必不是死寂的，而是与人息息相关的、活泼泼的有机体。因此，我们说"天人合一"作为一个哲学命题、一种思维模式对今天解决"人"和"自然"的关系应该说有着正面的积极意义。

十、几点启示

"天人合一"这一《易》所阐发的命题,是中国儒家思想的重要基石。儒家哲学认为,在"天"和"人"之间存在着一种"内在关系",两者是相即不离的。因此,研究其中之一不能不牵涉另一个。依据"天人合一"的哲学命题和思维模式,我们在考虑人类自身问题的同时,必须要考虑"自然界"的问题,忽略了这一点,人类就要受到惩罚。当今人类不正是由于严重地忽略了这种"天"与"人"相即不离的内在关系,而使"人类和自然正走上一条相互抵触的道路"吗?当今不正是由于人们不了解"天"的有机性和神圣性以及与"人"存在着相即不离的关系而正在受到惩罚吗?

由《易经》开启的"天人合一"思想(即"易,所以会天道、人道也"的思想)对解决当前"生态问题"作为一种哲学的思考,一种思维模式,或可对我们有几点启发:

(1)我们不能把"人"和"天"看成是对立的,

这是由于"人"是"天"的一部分,"人之始生,得之于天"。作为"天"的一部分的"人",保护"天"应该是"人"的责任,破坏"天"就是对"人"自身的破坏,"人"就要受到惩罚。因此,"人"不仅应"知天"(知道"天道"的规律),而且应该"畏天"(对"天"应有所敬畏)。现在人们强调"知天"(所谓掌握自然规律),只是一味用"知识"来利用自然,以至于无序地破坏自然,把"天"看作征服的对象,而不知对"天"应有所敬畏,这无疑是"科学主义"极端发展的表现。"科学主义"否定"天"的神圣性,从而也否定了"天"的超越性,这样就使人们在精神信仰上失去了依托。中国人的"天人合一"学说认为,"知天"和"畏天"是统一的。"知天"而不"畏天",就会把"天"看成是一死物,而不了解"天"乃是有机的、生生不息的刚健的大流行,"畏天"而不"知天",就会把"天"看成外在于"人"的神秘力量,而"人"则不能体会"天"的活泼泼的气象,而不能很好地受惠于"天"。"知天"和"畏天"的统一,正是说明"天人合一"的一个重要方面,从而表现着"人"对"天"的一种内在的责任。

(2) 我们不能把"天"和"人"的关系看成是一种外在关系,这是因为"天即人,人即天","天"和"人"是相即不离的。"人"离不开"天",离开"天"则"人"无法生存;"天"离不开"人",离开"人"则"天"的超越的神圣性、活泼泼的气象则无以彰显。这种存在于"天"和"人"之间的内在关系正是中国哲学的特点。如果"人"与"天"是一种外在关系(即它们是相离而不相干的),那么"人"就可以向"天"无限制地索取,甚至把"天"看成敌对的力量,最终人将自取灭亡。"易,所以会天道、人道也"正是要说明"天道"和"人道"之所以是统一的道理,不能在"天道"之外去说"人道",同样也不可以在"人道"之外说"天道",宋明理学对这点看得很明白。程朱的"性即理"和陆王的"心即理"虽然对"天"、"人"关系入手处不同,但在"天人关系"问题上是相通的。程朱的"性即理"是由"天理"的超越性而推向"人心"的内在性,"天理"不仅是超越的而且是内在的,同样"人性"不仅是内在的而且是超越的。陆王的"心即理"是由"人心"的内在性而推向"天理"的超越性,"人心"不仅是内在的而且是超越的;"天理"不仅是超越的而且是内在的。因此,我们可以说,中国哲学是以"内在超越"立论的。既然中国哲学是从其"内在超越性"方面讨论"天人关系"的哲学,也就是说"天"和"人"不仅不是对立的,而且存在着内在的相即不离的关系。不了解一方,就不能了解另一方;不把握一方,就不能把握另外一方。所以说,"为天地立心"就是"为生民立命",不可分为两截。由于了解了"天"和"人"的相即不离的内在关系,那么我们就可以较深刻地把握"天"的神圣超越性和"义理"的关系。

(3)"天"和"人"之所以有着相即不离的内在关系,皆因为"天"和"人"皆以"仁"为性。"天"有生长养育万物的功能,这是"天"的"仁"的表现。"人"既为"天"所生,又与"天"有着相即不离的内在关系,那么"人"之本性就不能不"仁",故有"爱人利物之心"。如果"天"无生长养育万物的功能,"人"如何生存,又如何发展?如果"人"无"爱人利物之心",无情地破坏着"天"的"生物之心",同样"人"又如何生存?从"天"的方面说,正因为其有"生物之心",它才是生生不息的、活泼泼的、有机相续的。从"人"的方面说,正因为其有"爱人利物之心",人才与天、地并列为三才。中国哲学认为,"天心"、"人心"皆以"仁"为性,正因为如此"天"、"人"才可以相通,"天"才可以内在于"人"。

(4)"天人合一"这一哲学命题体现着"天"与"人"之间的复杂关系,它不仅包含着"人"应如何认识"天"的方面;同样也包含"人"应该尊敬"天"的方面,因为"天"有其神圣性(神性)。这也许正是由于中国哲学(主要是儒家哲学)虽然不是如基督教、佛教等那种纯粹意义上的宗教,但它却有着强烈的宗教性。也许正因此,在中国儒家思想可以起着某种宗教的功能。"天人合一"不仅是"人"对"天"的认知,而且是"人"应追求的一种人生境界。因为"天"不仅是自然意义上的"天",而且也是神圣意义上的"天","人"就其内在要求上说,需要不断修炼自己,以求达到"同于天"的超越境界。就这个意义上说,"人"和"天"不仅不是对立的,而且"人"应该与"天"和谐共存,以实现其自身的超越。这就是说,"天人合一"作为一种哲学思想,它表达着"人"与"天"有着内在相即不离的有机联系,而且在"人"实现"天人合一"的境界过程中达到"人"的自我超越。

我想,通过对"天人合一"的分析,也许会使我们对"天"在中国传统哲学中的重要意义有更深切的理解。了解中国传统哲学中的"天"不仅是认识中国传统哲学(主要是儒学哲学)的一把钥匙,而且是中国人如何提升自己达到"天人合一"的境界的路径。这是因为,中国传统哲学重点不在追求建立一个哲学的知识系统,而是要求"人"通过"转识成智"(将知识转化为智慧)而达到"同于天"的最高境界。

天

汪德迈 著
岳 瑞 译

我既不是天文学家,也不是飞行员,在我看来,"天"是由各种文化所表现出的象征意义,而我自己的世界观就来源于这些文化;接下来我谈论的正是关于这方面的问题。"文化"一词之所以使用复数,是因为如果说沉浸在法国文化和欧洲文化之中是理所当然的话,我却怀着饱满的热情研究了中国文化,包括中国甚至那些汉化国家。我涉足了每一种文化,但却不能肯定是否考虑周全。如果我对中国文化只做到了蜻蜓点水的话,希望中国读者原谅我,因为我向他们解释了法国文化中的"天",而如果说对于我与法国读者所分享的"天",也许要说的还有很多,那么也请法国读者原谅我。

我将从地中海的"天"说起,因为地中海的天在我看来最好地呼应了法语为"天"所起的美丽的名字,这个词的发音是那么悠扬,从半元音"i"过渡到开放的元音"è",并且处在开始的摩擦音和最后的流音这两个辅音之间。[①] 作为一个北方人,实际上我在普罗旺斯生活过很长一段时间,那里的天

---

① 法语中"天空"一词是"ciel",字母 e 与 è 发音相同。(译者注)

空万里无云，白天天高云淡，夜晚，广袤的天空中繁星点点。名词"苍穹"就是从夜晚的天空而来，意思是说星星"牢固"地挂在空中，①而"天"一词是从拉丁语"caelum"而来，据罗曼语语言学家说，这个词的来源不确定，也许与动词"caedere couper"相近，因为天是被分割成天文区域的。无论如何，在印欧传统中，"天"首先是作为大气意义上的天空呈现出来的；在汉语中所对应的不是"天"，而是"空"，这个字的写法从词源学上来讲是一个屋顶的象形符号。不同之处在于，汉语中的"空"是一个空的空间，或者更确切地说，它仅仅由被认为是宇宙能量的极为精巧的能媒（气）所占据，然而，印欧的"天"是众神的住所。因此，在希腊世界和拉丁世界中，"天"与希腊最著名的山——奥林匹斯山（Olympe）相混同，奥林匹斯山的山顶湮没在云层之中，其名称从词源学上讲可能与"天"（ciel）有联系。此外，众神之首宙斯（Zeus）的名字，其词

---

① 法语中"苍穹"一词是"firmament"，副词"牢固地"则是"firmement"。（译者注）

根"dyew"恰恰指的是"明亮的天空"。这个神是来源于天的所有事物的化身:他是"闪电神"(指挥闪电)、"雷神"(打响巨雷)、"雨神"(降落大雨)、"光神"(发出光线),等等……

让我们追溯西方文化的另一个源头——犹太基督教,起初看来,由于一神论以及天地是由绝对超验的力量创造的这一思想,这个源头与印欧世界观相距甚远。然而天的拟人形式就表现于此,它是上帝的住所:

> 于是上帝说道:天空是我的宝座,
> 大地是我双脚的矮凳
>
> (《以赛亚书》第56章第一卷)

还有:

> 我的灵魂,上帝保佑!
> 上帝,我的上帝,你太伟大了,
> 你是如此光荣,如此威严,
> 被光芒笼罩,如同身披一件大衣

伸展天空，好似一张帷幔，
创造江河，做你的阶梯，
让乌云做你的马车
乘着风的翅膀行进，
让风做你的使者，
让吞噬的火焰做你的牧师！

(《诗篇》第104卷)

这种拟人性与中国的世界观相反。中国的世界观不是从可以考虑的现实和理想的角度去看待人类，从而想象出一种与人类学一致的神学，而是相反从宇宙出发来理解人类，想象出一个仅仅由直觉所揭示的万物之因，没能产生由一种启示得出的神学，而是产生了"占卜学"，因此任何事实，包括人类小宇宙，都是通过大宇宙的词汇来分析的。从占卜学角度，中国思辨的典型论著《易经》探讨了"天"的问题，特别将它视为"阳"，由"乾"卦象征，与代表地的"阴"相对，"阴"是由"坤"卦象征的。此处，卦的符号体系明显将思考置于另一个思想顺序，与神人同性论的顺序完全不同。

另外，汉语中"天"的表意文字与"空"（我们曾提到"空"的文字载体）不同，它自身不是一个表意符号，而是词典学家所称的"指事"，也就是说形象艺术上的一种语义"指示"。事实上，"天"在写法上由一个象形符号构成，是一个手臂伸开的人，顶上加了象征性的一小笔（在古文字学上是一个小正方形），与这个字语义相关。因此，"天"的意义载体不是人的轮廓（意思是"大"），而是那象征性的一笔，将意义集中在人的脑袋上面，与"脑袋上的东西"有关，也就是说和支配的东西有关。这不是关于脑袋本身的问题，因为脑袋是由另一个词来表示的——头，写起来是一个脑袋的象形符号。因此，在汉语中，"天"的词源学含义，用隐喻表示是指"头的功能"，即指挥的功能，人类用它来调节整个宇宙。中国的占卜学通过集中实践被理性化了的占卜，即从公元前14世纪起进行的骨占以及而后在《易经》中被巧妙理论化的蓍草占，从而脱离了某种抽象形式，摆脱了神人同性论，但神人同性论却不断充斥着西方神学。让我们来看看这种巨大差别是如何在我们使用艺术语言和诗学语言谈论天的方式中引起深刻差异的。

在西方，很长时间以来人们都认为艺术应该模仿自然。因此壁画早在画室创作(la peinture de chevalet)①之前就存在，它满足于将天画在任何延伸的穹顶或者天花板上。许多教堂的穹顶被画成蓝色的，并且布满了金色的星星。这个背景往往因为一些与天有关的场景而丰富起来：基督升天、圣母升天、天堂中荣耀的基督、光芒四射的庄严的圣母、云层中的天使带着一位神的灵魂胜利升天……，这些画面标明了对于或多或少被隐喻为与天有关的另一个世界的基督教观点。让我们停下来，此处无疑是这种语言的顶峰：西斯廷教堂的天花板，这是米开朗琪罗在 1508—1512 年间创作的作品。画家沿着穹窿的中线概括地将《创世纪》分八章描述，从创造世界直到诺亚的故事。最为著名的是创造人类的一幅，第四章。之前是创造天空和大地的描述，对于之后的阶段，圣经故事是这样说的：首先是光明

---

① La peinture de chevalet 是指画家在没有任何机构等正式要求的情况下于画室的画架上创作的作品。这类作品可以出售给个人，往往包括自画像、静物画，也包括当代画家的抽象画作。（译者注）

和黑暗的分离，直到那时它们都还陷在最初的混乱之中；而后是创造出太阳和月亮；再后来是大地和江河的分离。接下来是上面提到的创造人类，在穹窿的另一半，描绘了亚当和夏娃被驱逐出天堂、诺亚的牺牲、洪水和诺亚的酒醉。整部作品在上帝创造宇宙的广度上具有一种无可比拟的表达力量。同时，我们因一种极端的人类中心论而感到近乎难以忍受。所有的画面，甚至创造人类之前的那些创造世界的画面的边缘都是人形，这些人形颂扬了强大的人的裸体。这些裸体在接下来的那个世纪震动了教皇阿德里安六世，以至于这位教皇差点推倒这座教堂，叫喊道："una stufa d'ignudi！"（真是受够了裸体！）上帝自身在此被前所未有地人格化。在第一幅画中，他将光明和黑暗分离，同时被塑造成一位巨人，手臂抬起，向右将阴暗的云层推开，同时向左推开光线的漩涡。在第二幅画中，他创造了太阳和月亮，同样是天空下的巨人，这次是被四个天使环绕，手臂伸开，在专横的食指下，太阳突然出现在右边，然后他转过身，月亮突然出现在左边。在第三幅画中，还是同一个巨人，带领着他的天使卫队，正在一块大陆上方翱翔，四周各有两片海从大陆退出。总而言之，西斯廷教堂的天花板出色地描绘出在天空中，世界是如何被上帝创造出来供人类使用的，上帝本身也像一个人一样，而人类的代表在天空的边缘观看着整个过程。

中国的传统没有提供类似的东西。中国关于盘古开天的神话在公元三世纪之前并没有得到证实，它已经融入道教，也同样成为一种异域佛教起源的一部分。也是通过佛教，天堂和地狱的思想才被引入中国，但关于地狱的思想比有关天的思想要多得多，天被单纯地理解为地球的西面，向受真福品者预示了真理，这些思想导致了大量的图画充斥着许多庙宇，既有道教庙宇也有佛教庙宇。在道教将黄帝奉为天帝和把他周围的各种宇宙实体人格化之前，老子的哲学是"大象无形"。什么是"大象"？《易经》的一个注解认为它们是分别象征着天、地、雷、风、水、火、山、泽的八卦。这涉及到大宇宙的组成部分，它们是普遍的，没有特殊形式，因此只能通过宇宙学的象征表现出来：八卦，《易经》的六十四卦是由这八卦组成的。天，被认为是"关于天堂"的"阳",乃八卦之首。中国的传统中没有图像,既没有本义的,也没有隐喻的,只有通过符号,来了解八卦和六十四卦,或者通过参照卦的表意文字,它们是关于天的仅有的描绘,可以在纪念性建筑物上找到,在这些建筑物的入口处,它们只出现在上方悬挂的壁板上。

让我们回到西方传统中来,回到欧洲文化中从壁画过渡到画室创作①的时代;关于天的绘画观开始时并没有因此改变。它依旧停留在有寓意的启示上。在提埃波罗的绘画中,保存在普拉多的洁白无瑕的无玷始胎圣母的大幅布画中的天与装饰王子主教(le prince-évêque)②在乌兹堡官邸的走廊天花板的奥林匹亚山壁画中的天是一样的。与这幅壁画中的诸神一样,布画中的圣母身处天空中,天空的超自然性通过云层中出现飞翔的小天使而以神人同性的方式表示出来,按照当时的惯例,这些小天使是与天有关的标志。当布画停止像当初那样,和仅仅为

---

① 参照第52页注释。
② Le prince-évêque 是指统治一个圣日耳曼罗马帝国公国的主教或被加封为王子的圣日耳曼罗马帝国的主教的头衔。(译者注)

了装饰建筑物并放在其中的纪念性壁画一样进行设计时,纪念性建筑物——教堂、酒店、贵族官邸中的自然灵感才被抹去,这些渗透进画作的自然灵感,有些是象征和宗教意义上的,有些则是神话中的。大气中的天于是被看作它本身。从此以后,在欧洲文化中,这种现实的观点越发深入,统治着风景绘画史。这个变化始于被称为"擅长都市近郊风景画的画家"(les védutistes,源自意大利语 veduta,在"全景"的意义上意味着"视野"),这个名称曾被赋予 18 世纪中叶威尼斯的一个城市风景画画派,他们的风格由近一两个世纪的荷兰风景画画家表现出来,还被赋予给了 16 世纪的保罗·布里尔和 17 世纪的戴尔福特的维梅尔。这些威尼斯人中最具有代表性的一个,卡纳莱托(原名吉奥瓦尼·安东尼奥·卡纳尔),1746 年定居在伦敦,人们尤其熟知他的那幅"萨默塞特宫的露台俯视下的泰晤士河"(*Vue sur la Tamise à partir de la terrasse de Somerset*),画面的四分之三都被一片广阔的靛蓝色天空所占据,地平线上弥漫着一层薄云。在康斯特布尔看来恐怕是"世界上最出色的风景画家"的克洛德·洛兰,以及于柏特·罗伯尔和雷斯达尔（特别是他的作品"太阳之光"/ *Coup de soleil*）画了一些广阔深远的天空，他们将画作浸入一缕光线之中，之前没有画家可以如此精湛地将其画出来。而后浪漫主义占领了透纳的画笔，他笔下的《海上渔民》中，天空的样子古怪病态。然而康斯特布尔又回到了雷斯达尔的风格和对自然本身的研究上来。他的仰慕者，从米勒到柯罗，再到蒂奥多·卢梭，都毫不犹豫地在户外呆上好几个小时写生，这让他们画出了一天之中各个时段之间最不易察觉到的色调变化十分细腻的天空，图像似乎被定格了一样。

那不恰恰是发明摄影的时代吗？尼普斯和达盖尔的具有决定性的工作于1839年由阿拉果介绍到法兰西自然科学院。他们掌握了光化学反应，但是这些反应得到研究后曾应用于一种已经出现很久的仪器 camera obscura[①]，这种仪器于16世纪在威尼斯通过采用一种开放的光学透镜而得到完善。我们知

[①] 拉丁语，指完全黑暗或允许某种颜色的光照射的，用于洗印或处理感光材料的房间。英文是"dark room"或"darkened chamber"。（译者注）

道，威尼斯擅长都市近郊风景画的画家和后来的荷兰画家渐渐地都使用这种仪器。的确是为了掌握透视法而不是颜色；但19世纪时，当化学发明家掌握了光线中的玻璃感光片的感光性时，当代画家（这些化学家之一，达盖尔，难道他自己不是画家吗？）想要在他们的画作中几乎像照相一样逼真地掌握所有的天空颜色。

波德莱尔不怎么欣赏超客观主义，他指责超客观主义感情贫乏，在他看来，感情只能来自于艺术家的主观性。他在1859年撰写的沙龙评论文章中这样写道："如果想要表现自然的艺术家比较少受到感情的启发，他们就会屈从于一种奇怪的活动，这会杀死他们身上的思考与感受的那个人，不幸的是，请你们相信，对于大多数人来说，这种活动一点儿都不奇怪，也不痛苦。就是这样一个学派很久以来，直到如今一直占据着支配地位。我得向大家承认，现代风景画画派尤其强大，并且灵巧；但是在这个低级类型的胜利和支配中，在对无法用想象解释的并不纯净的对自然的愚蠢崇拜中，我看到一个普遍衰败的明显征兆。我们可能会在不同的风景画家之间把握住一些实际技巧的差异;但是这些差异是非常细微的。他们是不同大师的学生,绘画都非常出色,但几乎所有人都忘记了一个自然景点只有当艺术家善于将当前的感情投入进去时才具有价值。大多数人都会陷入我在这项研究开始时指出的缺陷:他们把艺术词典看作艺术本身;他们复制了词典中的一个词,却认为复制了一首诗。然而诗是从来不会被复制的;它只会被创作。于是他们打开一扇窗,整个空间都被包含在正方形的窗户中,把一首诗的价值当作了树、天空和房子。"但是他承认柯罗的天分,同时指责他"身上往往没有足够的魔鬼"。波德莱尔是从创作的意义上看待这个天才的,尤其是他在对光线处理的讲究上:"据说对他来讲,充斥着世界的所有光线到处都下降了一个或几个音调。他的目光既细腻又明智,包含着所有证实和谐的东西,而非指责反差的东西。"

然而,波德莱尔的赞赏尤其适合欧仁·布丹,后者向沙龙介绍了"几百项面对大海和天空的即兴粉笔画习作"。波德莱尔评论道:"他清楚地知道这一切都应该通过随意唤起的诗的感觉变为画作;他没有为画作打分的要求。后来,毫无疑问,他在完成的画作中向我们展示了天空和江河的奇迹般的魔力。这些习作根据形状和颜色中最不稳定和最难以把握的东西以及种种含混和暗淡,被如此迅速而且忠诚地速写,它们的边缘总是标着日期、时间和方位;像这样,比如:'十月八号,中午十二点,西北方向'。如果您偶尔有业余时间结识这些气象中的美丽之处,您可以通过记忆核实布丹先生观察的准确性。用手将说明文字遮住,您可能会猜到季节、时间和方位。我一点都没有夸张。我看到了。最后,所有这些形状奇妙、灿烂夺目的云,这些混沌的黑暗,这些绿色和玫瑰色的无限,彼此断裂,又相互叠加,这些张开的炉子,这些揉皱的、碾平的、撕裂的黑色或紫色缎子般的天空,这些哀伤的或是流淌着熔化金属的地平线,所有这些深邃、所有这些光辉、都如同一杯醉人的饮料或鸦片涌上我的大脑。"波德莱尔还补充说,尽管他之前说过很遗憾,在流行画家的现实主义中缺少具有创造力的主观性,"比较奇怪的事情是,面对这些液体或气体魔力,我从来没有一次会抱怨缺少人。"

中国画家同样热衷于与自然发生联系。对他们来说,风景同样应该在艺术家的主观性中得到体验,或者更确切地说是被艺术家内在化。但是他们的画作从来不是通过写生完成的。中国画家从来没有为自然拍照的想法。他们追寻的,不是对现实尽可能忠实的重构,而是使风景按照宇宙的顺序达到精神的逼真。绘画素材是画作的特殊主体,通过素材,他的画作应该表达天空的力量、大地的宽厚和四季的和谐。这种表达包含了许多惯例:牡丹象征春天,荷花象征夏天,菊花象征秋天,梅花象征冬天;地形描绘的鸟瞰图和轴侧投影图都缩小至二维。然而,明暗对比却被忽视,甚至景色里不会出现任何对阴影的描绘。相反,在西方传统绘画中,令人难以置信的是,画笔画出的线条完全在画作中消失。韩卓(生活在1121年)写道:"画笔用来形象地塑造物品实体,而墨水用来区分'阴'和'阳'。"一个中国故事讲述了从前的一位皇帝非常喜爱公鸡,他命一位非常有名的画家为他画一只。三年过去了,画家音讯全无。皇帝大怒,召见了他。他空手而来。然而,他却拿着一张纸和一支画笔,一眨眼工夫就画了一只非常漂亮的公鸡。皇帝非常欣赏，但依旧大怒：一会儿就能完成的事情却要他等了三年，这难道不是不把他放在眼里吗？于是画家向皇帝打开了他的画室，那里堆放着几百份画着公鸡的习作：他必须练习好几年才能最终如此精湛地掌握绘画公鸡的技巧，以至他可以完美地一挥而就，这个动作已经出于本能，无需任何犹豫或修补。这个故事表明了中国美学所要求的是艺术家的主观性，它吸收了绘画素材的所有客观性，将自然视为同一，使其内在化。波德莱尔要求风景画要具有主观性，使作品成为一种个人创作，而不是简单的摄影复制，这相反是艺术家的敏感性在绘画素材中的投射，是在物品的逼真性描绘中，通过感知特点的外化从而个性化的画作。我们又发现了西方文化中生命的神人同性和中国文化中人类的宇宙性之间的对立。

　　自然的美学内化使得中国画家生性倾向于丧失创造力，这种创造力的丧失不是在贫乏的对绘画素材的复制之中，而是在屈从于模仿最伟大的艺术家对其所作绘画的内化方法之中。中国那些不太著名的画家创造力的缺乏不是在于他们仅仅小心谨慎地复制他们所看到的，如同波德莱尔指责1859年沙龙风景画家那样，而是在于他们只对那些著名的画家进行复制。即便这些复制品略逊一筹，但它们还是继续具有中国内在美学的独特性，这里尤其让我们感兴趣的是，天仅仅通过作品上方保留的空白来描绘，甚至最多运用非常浅的墨水，远非柯罗画作中对天空色调变化的奇特研究。

据说康斯特布尔的画室中堆着成堆的草图，这让人想起了上面提到的中国故事，有时需要几个月的时间，直到他肯定最终重新发现了曾经看到的想要画的风景，他才开始作画。事实上，这种绘画实践与中国画家的绘画毫无关系。这是康斯特布尔强迫自己做的一种严格的视觉记忆练习，为的是在画布上尽可能精确地重建同一个东西的形象。中国画家的练习不是记忆的苦行，而是精神的苦行，旨在使源于绘画素材的宇宙动力在他身上活起来，而后基于这种内在感受再将绘画素材表达出来。总而言之，这是一种印象主义，然而这种印象主义远非19世纪下半叶法国的印象主义，后者属于布丹创作的系列，由巴比松画派的画家系统化。

在法国印象派画家的天空中,画笔的印迹不再被隐藏。舍夫勒尔发现的色彩同时对照法就被过度推断,受其影响,画家自以为可以更加忠实于自然产生的类似于感受的东西,从而让别人指责画面中色彩变化自然持续的分离。这种色彩变化是通过不同色调的并置而不是缓和而实现的。这个过程已经完美地出现在1873年马奈的画作之中,这幅画的名字"印象,初升的太阳"为这个流派冠名。可见的笔触、完全得到阐释而非模仿的自然色彩,难道这里没有一种与中国绘画的汇合吗?因为中国绘画寻求表达精神而毫不关心客观形象的重构,并且主要通过画笔的痕迹进行表达,画笔的活力使得艺术家受到灵感启示而画出的形象活了起来。实际上,印象派画家即使没有受到当时在法国还不为人所知的中国美学的吸引,不是至少也受到很大程度上源于中国美学的日本美学的吸引吗?日本美学的灵感是由葛饰北齐和安藤广重的木版画带来的,并且使得所有欧洲艺术家既赞叹又惊讶。的确,凡高的作品《星夜》中的天空距离客观现实主义比马元作品里的无论哪缕月光都要远。但是如果说两者都公开放弃了平庸的相似性研究，这还是基于从根本上对立的两种观点。印象派画家摧毁了感知，为了在这种感知下重新发现单纯的感受；中国画家略过感知，在感知之外重新发现了中国美学称之为"气韵"（呼吸的节奏）的东西所表达的"道的宇宙振动"。前者大量在画布上运用不同颜色的颜料；后者则机智地运用画笔，几乎是架空着将墨水挥洒在纸上。印象派绘画是如此富于肉感，而中国绘画是书法之女，它是如此注重精神。此外，中国绘画不怎么运用颜色，以至中国画家仅在极端谨慎的情况下才会使用。

对我们来说特别的是，中国美学甚至不会辨认出我们眼中明显的天的标记：蓝色。我们已经看到中国绘画不谈论明暗问题，如同张左所说，只谈论"阴和阳"。中国的思辨论著认为"阴"和"阳"是道的第一层展开。这第一层展开而后又调整为中国思想家所称的"五行"，即宇宙动力的五个基本形式：水、火、木、金和土——在翻译上由于缺少一个像在汉语里的"行"字，同时包含了"因子"和"成分"这两个含义的词，所以往往译为"五个成分"或者"五个因子"。因此，在一直以来运行于中国人思想中的通过不同的对应关系而形成的事物范畴中，在最为普遍的"万物"层面上，恰恰在存在于万物中的"阴"、"阳"二元对立的一般性之下，思辨经历五个成分。五种气味、五种味道就是这样分类的，甚至考虑到中心是第五个方向，再加上那四个方位，就构成了五个方向；颜色也是这样分类的。参考五行，为了使原始颜色的数量达到五种，中国人承认颜色有红、黄、白、黑，然后将绿和蓝放在一起，把它们看作是同一种颜色的简单的变异体，这种颜色被称为"青"，以便使颜色不超过五种。与这种颜色相对应的是树木，而不是水。事实上，在中国文化中，与水相对应的是黑色，就像在希腊人那里一样。这是因为水在古人看来往往是黑色的，要知道在一个坛子里，水呈现出的是发黑的颜色。至于青色，在中国人看来，主要是春天土地上植被的颜色，春天总是与这种颜色联系起来。然而，不应该认为中国人无视蓝色和绿色之间的差异：青色的这两种变体本身一直以来都是得到承认的，但仅仅被看作是次等级，称为"绿"和"蓝"。"蓝"字的书写法是很有趣的。从本义上讲是靛蓝色这个名词，在公元初期中国最古老的词汇著作《说文解字》中被定义为染色植物。在这本书中，表意文字"蓝"被列为"形声字"，也就是说由一个语义词根——这里是表示植物的词根，和一个语音部分构成。然而，这里被认为是语音的部分发"jian"音，与靛蓝色的"lan"毫无关系。我肯定这个所谓的语音部分事实上是一个次要的语义构成部分，它本身是表意文字"监"（镜子），由金属词根构成。在表示蓝色的名词中，镜子是来做什么的？为了理解，应该知道从词源上来讲，"监"是一个象形字，是一个人弯腰站在中国古代洗手用的铜盆前。这是因为，事实上，在使用一面专门磨光以便能够反射的铜镜之前，人们将水倒进这种扁平的盆中，而不是倒进坛子里，这样用来做镜子。这个盘子当然应该水平放置，否则水就会流出来。然而，除了弯腰照自己的那个人的脸之外，是什么倒映在了水平水面做成的镜子中呢？是天花板或是天空。我想汉语中靛蓝色这个名词的象形字的本义是：镜子[反射天空]颜色的植物。因此，中国的蓝色首先是天空的蓝色。北京天坛顶上的瓦片也因此属于一种深蓝色。相反，这些我们称之为"蓝白"的绝妙的明代瓷器上的深蓝色在汉语中被称作"青白"，也就是说"蓝绿白"。

在欧洲，伟大的颜色历史学家米歇尔·帕斯特罗告诉我们，蓝色在将近12—13世纪的哥特时期，随着对天空女王圣母玛利亚的崇拜，成为可供选择的一个颜色。事实上，天空的蓝色变成了王室的蓝色，它于1130—1140年间被引入卡佩王朝的纹章：一个底色是蓝色、上面布满了金色百合花的盾牌。这种天空的蓝色在纹章中被称为"天蓝色"（azur），这个词来源于波斯的"天青石"一词（lapis-lazuli），法语一开始将它保留为地中海的大海和天空的颜色。在西方，天空的蓝色中，基督教或者神学的绘画将各种各样的人物，如基督、圣母玛丽亚、圣者、天使和受真福品者都描绘成与天空有关的，他们都身处云端。在中国文化中，人物（仙女或神仙）或者超自然生物（龙），只在水墨画出现之前的古代画片的天空中被描绘出来，这些画片是考古学家在坟墓中的壁画和葬礼的旗子中发现的。一般来说，水墨画在天空中仅仅描绘出飘浮在空中的超自然的宫殿，被认为是另一个世界的居民在天堂的住所。白居易（772—846年），在其著名的《长恨歌》中，提到玄宗在他的爱妃杨贵妃悲惨地死去之后万分悲痛，在天地之间寻找她的灵魂，最后终于在天上的宫殿中找到，诗句是这样描写的：

> 忽闻海上有仙山，山在虚无飘渺间，楼阁玲珑五云起，其中绰约多仙子。

既然我们在此使用的是文学话语，那么让我们来看看在西方关于天空的传统诗歌中占统治地位的一首诗：《神曲》，这首诗的最后一部分是但丁在去世前写的。诗人带着辛辣的讽刺，描述在死后的旅程中，他走遍地狱，十分满意能够怀着报复的心理，仔细观看他的敌人们所遭受的痛苦，当他由贝阿特莉斯带领着穿过天堂的九层天时又重新见到了他们，与这种辛辣的讽刺相反，诗人赞美了由享尽天上之福的圣人代表的基督教价值观。而后，当圣贝尔纳让他在天国最高一层的九霄发现了上帝无法言喻的冥想时，看看他是如何描写的：

[……]哦,我的言语是多么无能,我的思维又是多么软弱!
拿这一点与我所目睹的景象相比,
甚至说是"微不足道",也还差得很多。

哦,永恒之光啊,只有你自己存在于你自身,
只有你自己才能把你自身神会心领,
你被你自身理解,也理解你自身,你热爱你自己,
也向你自己微笑吟吟!

那个光圈竟像是孕育在你身上,
犹如一道反射的光芒,
它被我的双眼仔细端详,

我觉得它自身内部染上的颜色,
竟与我们形象的颜色一模一样;
因此,我把我的全部目光都投在它身上。

如同一位几何学家倾注全部心血,
来把那圆形测定,
他百般思忖,也无法把他所需要的那个原理探寻,

我此刻面对那新奇的景象也是这种情形:
我想看清:那人形如何与那光圈相适应,
又如何把自身安放其中;

但是,我自己的羽翼对此却力不胜任:
除非我的心灵被一道闪光所击中,
也只有在这闪光中,我心灵的宿愿才得以完成。

谈到这里,在运用那高度的想象力方面,已是力尽词穷;
但是,那爱却早已把我的欲望和意愿移转,
犹如车轮被均匀地推动,

正是这爱推动太阳和其他群星。

(黄文捷 译)

此处不是没有一些过分夸大的地方,这就是推动自天、太阳和星星以来整个神学创造的基督教神秘主义的语调。在中国的传统中有类似的东西吗?四千年来,从周王朝在将近公元前1100年建立到1911年帝国制度被推翻,按照惯例规定,在所有仪式中最为庄严的仪式是祭天,冬至那天,由皇帝斋戒三天后亲自在首都南郊执行,冬至以后,"阳"的重新到来使得白天逐渐变长。汉王朝时,武帝(公元前141—前87年在位)设立了乐官一职,负责收集所有可以编成诗歌的东西,这其中既包括仪式片段,也包括流行歌曲。有好几首在当时的大型冬至仪式中演唱的宗教颂歌,如今依旧值得我们保存。其中有这首《日出入》,作者不详,不过也有可能是由伟大的诗人司马相如(公元前179—前117年)所作:

> 日出入安穷,
> 世时不与人同。
> 故春非我春,
> 夏非我夏,
> 秋非我秋,
> 冬非我冬。
> 泊如四海之池,
> 遍观是邪谓何?
> 吾知所乐,
> 独乐六龙,
> 六龙之雕,

使我心若。

眥黄其何不倈下！

让我们注意神话隐喻中上演的六只龙拉着太阳车，这些隐喻并没有遮掩这首庄严的颂歌在中国的宇宙论思想中的意义。诗人在南郊的祭天仪式上所赞颂的，是昼夜永无止境交替延续的规律性以及四季法则的正确性，它们摆脱了人类活动的不可靠，这也是我们认为诗人最值得赞赏的地方。诗歌结尾处的愿望是"塔拉斯各龙"（"眥黄"，这里是赋予拉着太阳车的龙的另一个名称）下凡，也就是说由绝对完美的太阳运行所象征的天的法则应用于人类活动。中国关于天的宗教和由但丁诗化的关于基督教上帝的玄学之间的主要区别在于中国宇宙论中的天明显毫无神学超验性，即便可以将中国颂歌中赞美的宇宙时间和人类时间的无限性看作是一种内在的超验性。

关于天的基督教诗歌在但丁之后曾长久地出现在所有的欧洲文学中。它受到圣经的启示，出现在许多作者的作品中。最忠实于这个启示的大概要算约翰·弥尔顿了,他的作品《失乐园》与《神曲》的插图画家是同一个人,都是居斯塔夫·多雷。在法国文学遗产中,这个潮流导致《历代传说集》的诞生,雨果以可以表达出夜空魔力的三句最美的诗句结束了《波阿斯入睡》全诗:

(群星灿烂,点缀着深深沉沉的夜空;
一勾明亮的新月,在夜的百花丛中,
高高悬挂在西天。路得躺着问自己,
她透过面纱,半张着眼,在仰望重霄,)
哪个神?哪个农夫?在此永恒的夏天,
收获后,马而虎之,回家时,心不在焉,
在星星的麦田里丢下金色的镰刀?

(程曾厚 译)

上帝之死结束了对这种抒情诗的兴趣。在法国现当代文学中,诗歌中的天脱去了由于与神学的接近从而披上的奢华外衣。纪尧姆·阿波利奈尔以嘲弄的方式这样说道:

啊天,身着旧衣的老兵,

五千年后你为我们服务依旧
乌云是你破烂衣服上的补丁,
太阳是你的金色的勋章!
凝视着巴洛克风格的世界,
你难道没有厌倦这装饰的平庸,
啊天,身着旧衣的老兵!
五千年后你为我们服务依旧,
看着我们指手画脚,发出沙哑的叫喊,
祈祷着,步履艰难地跪行,
为了获得光荣或其他奖赏,
你大概会嘲笑我们吧?①

老实说,这种对天的非神秘化要追溯到波德莱尔诗歌革命。它由波德莱尔《恶之花》的《忧郁》四首诗的最后一首,也是最著名的一首,通过抱怨表达出来:

当低沉的天空如大盖般压住

---

① 这首诗很长时间没有发表,后来发表在阿波利奈尔《诗歌作品》一书的"七星诗社"一卷(伽利玛出版社,巴黎,1965,p.835)。

被长久的厌倦折磨着的精神；

当环抱着的天际向我们射出

比夜还要愁惨的黑色的黎明；

(郭宏安 译)

对于天的非神秘化观点并不一定总是如此阴暗的。在魏尔兰1881年的作品《智慧集》中这种对天的非神秘化受到了些许日本艺术的影响：

屋顶上的天空

如此湛蓝，如此宁静，

屋顶上的树

摇动着棕榈叶，

钟，挂在我们看到的空中，

轻轻地敲打，

鸟，栖在我们看到的树上，

低低地哀鸣……

在这种脱离了最微不足道的自我崇拜的抒情形式中，有某种东西让人想起了中国诗歌中的"兴"，也就是说从事物出发，对一种感情的引导性气氛的

"暗示",甚至无需任何对比或者叙述等这类语言工具的解释。习惯上,某些对比的标志会成为分离的宾语和主语之间的桥梁,然而中国诗人所实践的"暗示"则完全取消了自我和他者之间的界线,将感情融入到启发他的那个事物之中。一般来说,这在欧洲语言的诗歌中是不可能的(这也是为什么"兴"这个字无法翻译成法语的原因),因为有词形变化的语言限制了表达的个性化:感情是由第一人称表达的,事物则通过第三人称来描写。汉语是纯粹的孤立语,在汉语中,甚至句子中的第一人称代词在主语位置上的使用也不会使表达发生变化,从遗传学上讲可以说是无人称的。程抱一恰恰在他的《中国诗歌文字》的分析中指出人称代词没有出现,比较连接词也没有出现,相反,比较连接词在法语中是必须的,否则会结构松散。日语虽然是粘着语,不是孤立语,但却不是词形变化的语言,这容易让事物通过主语与宾语之间差别的取消从而诗化,我认为这受到了中国诗歌的影响。这种诗化是魏尔兰出于本能而发现的,也许是因为这首诗是在蒙斯监狱所作,被关在那里或许让他通过单人牢房的小铁窗看到了天空，这种有点精神分裂的折磨因诗人的才能而得到升华。然而在法语中，这种抒情如果没有矫饰是不能持续很久的，这种矫饰是没有深度的华丽。为了不缺少深度，在我们的语言中，抒情性在形式上不能过度地与主观方面割裂。事实上，主观方面又重新出现在了诗歌的结尾处："你做了什么，哦你在这里，／不停地哭泣，／说吧，你做了什么，／你在这里，／对你的青春？"

魏尔兰自我逃离在监狱蓝色的方格窗户中，看到一根摇晃的树枝和唱歌的小鸟，让我们将魏尔兰的目光与马拉美的目光做一对比。在他的诗作《太空》①中，这个眼神并非没有唤起波德莱尔式的对事物的观看，即使不在写作形式里，至少也在天空一直以来从未被赋予幸运的仁慈这样的感情中。让我们想想这首诗的创作背景。1864 年 1 月，马拉美返回伦敦，刚刚被图尔农中学任命为 21 年的英语教师。他投身写作来逃脱这种外省流放的痛苦；但他承受着无法达到他所寻求的诗学理想的焦虑。对于

---

① 《太空》一诗由飞白小跃译。（译者注）

他为创作《太空》所做的工作,他在给他的朋友,既是医生也是诗人的亨利·卡萨利斯的信中写道:"我向你发誓没有一个词语值得我花上好几个小时来寻找,只有包含了第一个思想的第一个词语,除去它本身有助于诗歌的整体效果,它还用来为最后一个词做准备。"那么第一个词语是什么?是"永恒的太空"。事实上,一切都在这里,在"太空"(azur)一词的选择中,这个词使人想起天青石 (lapis-lazuli) 的坚硬,比词语"天空"(ciel)更受到诗人的喜爱,因为"天空"一词承担了过多的附带语义。人们想象诗人坐在工作桌旁,因无法找到能够满足表达的特别要求的词语而惶惶不安。在他透过窗户玻璃而消失的目光中,镶嵌着阿尔代什冬日天空的铁青色:

永恒的太空那晴朗的嘲讽
慵美如花,压得无力的诗人
难以忍受,他透过悲痛
贫瘠的荒漠,咒自己的才能。

诗人不再感到在这种努力中受到嘲弄,他设想

一边逃跑,一边将可以遮掩这种蓝色的东西尽可能地抛到天空与他之间,他再也无法忍受这种蓝色的嘲弄似的冷漠:

> 逃跑,闭上眼睛,我感到太空
> 带着震惊的内疚在把我注视,
> 我心空空。往哪逃?什么惊恐之夜
> 能把碎片,甩向这令人伤心的轻蔑?
> 雾啊,升起来吧!把你们单调的灰烬
> 和褴褛的长雾全都倾倒在
> 被秋季灰白的沼泽淹没的天庭
> 筑起一个巨大宁静的华盖!

马拉美自己说,以下两节诗仅仅表达了他在向厌倦求助中的无力:

> 你,来自忘河的亲爱的烦恼
> 沿途找了些淤泥和苍白的芦竹,
> 以便用从不疲倦的手,把小鸟
> 恶意穿出的蓝色大洞一个个堵住。
> 还有!愿悲秋的烟囱不停地

冒烟，炭黑如飘浮的牢房
拖着可怕的黑色雾气
遮住天际垂死的昏黄太阳！

　　为了评论诗歌的结尾，让我们将话语权完全交给马拉美："[第六节] 从一个解放了的小学生的滑稽感叹开始：'苍天已死！' 我怀着这种绝妙的肯定，立刻向物质恳求。这就是无力的快乐。我厌倦了折磨我的疼痛，想要品尝人们共有的幸福，等待黑暗的死亡……我说——'我愿意'。然而敌人是个幽灵，死去的天空'回来了'，我听到它在忧郁的钟声中歌唱。它带着胜利的表情懒散地到来，没有被这雾气弄脏，只是刺痛了我。我没有看到对我的懒惰的正确惩罚，我满怀骄傲写给自己，说我有一个'巨大的苦恼'，我还想要逃离，但我感受到了自己的错误，承认'我被纷缠'。需要这个令人悲痛的揭示引起结尾处真挚而奇怪的呐喊：'太空……'你[马拉美对卡萨利斯说]看到了——对于那些像埃玛努尔和我这样在一首诗中寻找其他东西，而非诗句的音乐性的人来说，这是一出真正的戏剧。在和谐之中,将和纯粹、主观的诗歌思想相对立的戏剧元素与要获得美感所必须的从容、平静的诗句组合起来是一件极为困难的事……"

——苍天已死。——朝着你,我奔跑。
哦,物质,
让他把罪孽和残酷的非分之想忘掉,
在殉难者来这里分享
幸福的牲口般的人卧躺的垫草。
既然我空空的大脑最终像
扔在墙角的化妆品盒子,
不能再打扮我哭泣的思想,
我愿在草上悲伤地打着哈欠,面对黑暗的死……
有何用!太空胜了,我听见它
在钟里歌唱。啊,我的灵魂,
也出了声,那可恶的胜利更使我害怕,
它来自或活泼的金属,披着蓝色的钟声!
它穿过雾气,仍像从前那样
如一把利剑,刺穿你本能的苦痛;
在这无用的罪恶的反抗中逃往何方?

我被纷缠。太空！太空！太空！太空！

在马拉美的作品中，与魏尔兰的作品一样，从波德莱尔革命中诞生的诗歌潮流，我们刚刚看到了它是如何改变了对于天的看法，即便是朝着不同的方向，这种潮流紧跟着整个西方文化都滑向了世界的非神秘化的这个趋势。在中国的历史上，有一个时期，完全不同的思想的发展变化引起某种或多或少类似于诗歌写作方案的东西：我想要谈一谈六朝时期（从3世纪到6世纪）发生的非儒家化，在唐朝时期（从7世纪到10世纪）变得明显，敞开了通向道教和佛教美学，特别是藏传佛教美学的大道。我用李太白作为证明，他模仿我们上面看到的汉代祭天仪式上所唱的仪式颂歌，让我们看看他是如何把它改变为充满讽刺的抒情诗（行）的：

日出东方隈，似从地底来。
历天又入海，六龙所舍安在哉？
其始与终古不息，人非元气安得与之久徘徊。
草不谢荣于春风，木不怨落于秋天。

鲁阳何德，驻景挥戈。

逆道违天，矫诬实多。

吾将囊括大块，浩然与溟涬同科。

诗人讽刺套在龙上、由羲和驾驶的太阳车神话，羲和被认为在黎明时分向世界的东方喷射出一个洞穴，而在黄昏时分向西方潜入大海；同样，如同中国约书亚的故事，据说，公元前6世纪，楚国大将军鲁阳侯没能在一天之内结束与韩国军队的战斗，他一边将矛指向太阳，一边使太阳后退。这种讽刺让人想到阿波利奈尔的《天空》（*Ciel*）。但是这首抒情诗的结尾是道教的主张。诗人将整个宇宙包裹在精神之中，正如庄子所说，他是"乘天地之正，而御六气之辩，以游无穷者"。

与驾驭天的道教神秘主义相反，基督教神秘者帕斯卡尔面对宇宙的"无限空间"时则表达了他的恐惧。让我们听听皇家港独居者的话：

当我想到我的吞没在之前和随后的永恒之中的短暂生命——*memoria hospitisuniun diei*

praetereuntis [一位等待有一天来到彼世的客居之人的回忆录:《旧约》,智慧篇,第15卷]——之时,我所填满的甚至看到的小小空间沉没进我忽视了的、也忽视了我的无限空间之中,我感到害怕,并且由于是在这里看到自己,而不是在那里,所以感到震惊,因为不知为什么是在这里而不是在那里,为什么是现在而不是在那时。是谁将我置身其中?这个地点、这个时间是靠谁的命令和指引,从而预留给我的?①

这是因为我们曾经从神的神人同性来思考西方对于天的观点,而神人同性的颠覆性一面,是人类对上帝形象的绝对化。宇宙的无限性是对一个绝对个体的思想的否定,从这方面来讲,这另一面只会使人类认为宇宙的形象非常可怕。相反,庄子设想的"真人",却能够驾驭天,因为他可以达到"无己、无功、无形"。

莱昂·旺岱尔米什

---

① 帕斯卡尔,《思想录》,第68卷。

"远近丛书"编辑委员会

主编

[中] 乐黛云　中国北京大学教授
[法] 金丝燕　法国阿尔多瓦大学、法国国家行政学院教授

编委

[法] 嘉特琳·甘涅（Catherine Guernier）　法国人类进步基金会文化间项目负责人
[中] 高秀芹　北京大学出版社编审
[法] 马克·乐布施（Marc Leboucher）　法国 Desclée de Brouwer 出版社社长
[法] 米歇尔·苏盖（Michel Sauquet）　法国人类进步基金会出版项目负责人
[中] 赵白生　北京大学教授
[中] 钱林森　中国南京大学教授

作者简介

汤一介

　　1927年生,1951年毕业于北京大学哲学系。现任北京大学哲学系资深教授,中国哲学与文化研究所名誉所长,博士生导师,北京大学儒藏编纂中心主任。主要著作有:《郭象与魏晋玄学》,《魏晋南北朝时期的道教》,《中国传统文化中的儒释道》,《当代学者自选文库·汤一介卷》,《佛教与中国文化》,《新轴心时代与中国文化的建构》,《反本开新》,《儒学十论及外五篇》等。

汪德迈(Leon Vandermeersch)

　　法兰西学院通讯会员,中国政治思想制度史专家。曾任法国高等研究院主任研究员(1979—1993),远东学院院长(1956—1966),普鲁旺斯大学(1966—1973)、巴黎七大中文教授(1973—1979),日佛会馆馆长(1981—1984)。

图书在版编目(CIP)数据

天 / 汤一介,(法)汪德迈著;岳瑞译 . —北京:北京大学出版社,2011.6
(远近丛书)
ISBN 978-7-301-18371-7

I. ①天… II. ①汤… ②汪… ③岳… III. ①比较文化-研究
IV. ① G04

中国版本图书馆 CIP 数据核字 (2010) 第 264978 号

书　　名:	天
著作责任者:	汤一介　[法]汪德迈　著　岳　瑞译
责任编辑:	梁　勇
标准书号:	ISBN 978-7-301-18371-7/I·2307
出版发行:	北京大学出版社
地　　址:	北京市海淀区成府路 205 号　100871
网　　址:	http://www.pup.cn　电子信箱:pw@pup.pku.edu.cn
电　　话:	邮购部 62752015　发行部 62750672　编辑部 62750883 出版部 62754962
印　刷　者:	北京中科印刷有限公司
经　销　者:	新华书店 787 毫米×1092 毫米　32 开　3 印张　6 插页　44 千字 2011 年 6 月第 1 版　2011 年 6 月第 1 次印刷
定　　价:	16.00 元

未经许可,不得以任何方式复制或抄袭本书之部分或全部内容。
版权所有,侵权必究。举报电话:010-62752024　电子信箱:fd@pup.pku.edu.cn